サラリーマン

金太郎

①

金太郎、入社する

【目次】

第1話 金太郎、上京する。

金太郎

おめえも
せっかく
マジメに
なったんだべ

東京へ
行っても
ちゃんと
やるんだぞ

サラリーマンに
なるんだろ……
短気だけは
起こしちゃ
なんねえぞ

何だったら
竜太は置いていけ
お前が一人前に
なるまで
ワシが育ててやるがよ

いや……
明美と約束
したんだ

竜は
俺が育てるから
安心しろっ
てな……

ああ……

わっ！

ただし割カンだ……

そんなあパァーっとって言ったでしょうがぁ……

バカモノっこれ以上は経費で落とすわけには　いかん

何だこらぁっ

おい！お前ぶつかっといて知らんぷりか

何とか言わんか小僧——っ

まったく近頃のガキどもは礼儀を……

しつけえんだテメェら……

女のくさったヤローみてえなシメかたしやがって…

やめろっつったんだよ

クチバシつっ込んで

いいのか兄さん……

16

お前らも不良なら聞いたことあんだろう

矢島金太郎（やじまきんたろう）

素人（シロート）じゃねえ……

ありゃあかなりナラした男だぜ

あっ……あの……

伝説の八州（ヘッド）の頭（ヘッド）や…矢島の金ちゃん…あ…あの人!?

えぇっ

それを二年間たばねた矢島だ

関東全域に強力なチームワークを誇りメンバーの数は一万人とも言われた暴走族八州（はっしゅう）連合……

早いとこワビ入れて良かったぜもうちいっと血が上がりゃあ殺されてたよお前ら……

見逃がしてやる……とっとと散れ

すいません

金太郎
——っ

女房の実家で
漁師やってんじゃ
なかったのか
何を寝惚けて
もどって来やがった

八州は とっくに
解散してんだ
おめえがもどって
来てもやることは
ねえっ

関東の
街道は平和な
もんだぜ

やっぱり
明智さんか

マッポから
刑事に成り上がったか
ええ出世じゃんよォ

これが
お前達の
子か……

よくもどって
来たな……
明美のことは
聞いてるよ

ああ……
竜太ってんだ
明美の奴 赤ン坊と
入れかわりだった

ばかやろ──っ

明日でも
ゆっくり 遊びに
行くから

つもる話も
いっぺえ
あんべえ

まァ
乗れ…

いいよ

あんな派手な
ケンカやって
帰れると
思ってんのか
一晩 泊まりだ

いいから
乗れ…
ほら……

26

今日ですよ
例の新入社員が
来るのは…

うむ…

一体 どうなってるんですか？
私には さっぱりわかりません

何か
あるんですか？
課長は
ご存知でしょう

私にも
さっぱり
わからん…

九州支社採用で
本日より
本社勤務という
ことだ…

支社採用
なんてことも
前例が ないし
すぐに本社へ
上がってくる
なんてな……

見て下さい
この履歴書……
江田川工業高校
中退ですよ……

両親は不明……
他は 何も
わかってない……
こんな人物が なぜ
前例のない中途採用に
なったのか

私も 人事担当の
神永専務に
聞いてはみたが

はっきり
せんのだ……
上の方が 何か
煮えきらん

27

もっと上の方で
ワケありの
人物かもしれんぞ
今井君……

もっと上って
社長……
いや 会長……

とにかく
しばらく
様子を
見よう

あまり
せんさくせん方が
無難かも
しれん……

たしかに
会長こそが
我社の創設者に
まちがい
ありません

しかし
ヤマト建設は
すでに
住宅建設業界では
トップ3に
ランクされる
一流企業です

株主総会で
取り上げられれば
会社の私物化と
つつかれることにも
なりかねないのでは
ないかと……

あんなのに
会社の玄関に
集まられちゃ
たまらんぞ

はっ…

おい 総務に
知らせろ

何だ?
ありゃあ

ヘ
ワ
ッ

ひやかしじゃ
ねえ……
マジで
やろうと
してやがる

おもしれえ
金太郎め
。

よろしく

矢島金太郎ス
……
今日からここの
社員になります

一体
どういう
ことだ!?

背中の
赤ン坊は
まだしも

パトカーに
送られて
初出社とは!?
説明したまえっ!!

会社を
なめてんの
かあっ!!

送ってもらったん
だけどな……

ゆうべ
渋谷警察へ
一晩 泊められる
ことになって

だけど
会社に文句
言われるってのは
ちょっと 理由が
分かんねえな

人を
ぶっちめたんだ
警察に 引っぱら
れるのは
仕方が ねえ……

いっ……
今井君

……

ほっ……
本当に
本当なんですか

部長!!

まあ

まあ…

こっ……この子が
我社の
新入社員って…

あ
……
たしかだ

40

桜井君……
ちょうどいい
庶務課へ　案内
してやってくれ

配属は
庶務課に
決まった……

奥様に
聞きましたよ

例の
お忍びの
釣り旅行の
時ですか？

そうだ……
七十年の人生の
なかで

命の恩人だ
……そうですな

命の恩人などは
初めてのことだよ
神永くん……

あの日は水温も潮も久しぶり絶好の状況だった

前の日には形のいいメジナを三十八本も上げた奴がおったんじゃ

いつも見なれた船の操作じゃ……ついつい簡単だと思ってのォ

ワシひとりで船を出したんじゃが途中でエンストじゃ

プスン‼

プス

ペイ……

あそこはとりわけ潮の流れのきつい所だ

しかも他に一そうも船は出ておらなかった

懸命に船を直そうとしてどんどん流されたんじゃのォ

ええい

……

くそったれ

……気がついたら

42

島影も
見えなく
なっていた

潮の流れは
どんどん沖へ
向かっている

二時間も
流されている
うちに
日も暮れ……

ワシは
あきらめた

これで
終わりだ

このまま
死ぬとな……

大和守之助の人生は
ここまでじゃ

そう
すべての
覚悟を
決めた

その時よ

はるか彼方にワシの船めがけて泳いで来る人間がいる

一体 どこから?

まわりに島影も船もない……

しかし その者はあきらめる様子もなく

ひたすら泳ぎ続けてくる……

だが潮に流されてなかなか近づいて来ん

がんばっ

がんばっ

がんばっ

がんばっ

そして 七時間目じゃ……

えれえんだな
じいさんは
……

へ
ー
っ

ヤマト建設株式会社

会長　大和守之助

そんなことはないが
ワシにできることが
あったら言ってくれ
何か　お礼をしたい

ありがとう
本当に
ありがとう

君は命の恩人
じゃよ

俺を
じいさんの
会社に入れて
くんねえか
……

だったら
頼みが
あんよ
……

俺　一度
やってみてえと
思ってたんだ

へっ!?

おとなしく
していたか

どう扱って
いいのか
分からない様で

庶務の皆さん
とまどっている
様ですわ

毎日
……

毎日
エンピツだけ
削らしておけ

それでいい

はぁ……
一日中 おとなしく
エンピツを
削っていた様です

52

ブルッ!

そうだ……
かあちゃんも
一緒だ……

かあちゃん
かあちゃん

さて……メシにすっか

メシ
メシ
メシ

明美
……

安心しろ
竜は立派に
育ててくぜ

はくっ

金太郎、出勤する。

あ……
あなた

ど……

どうしましょう

それがうちの隣りのアパートに昨日引越して来たらしい人で……

ま…まだ若い子なんだけどね……

何だ？こんな朝早く……

だからどうしたんだ

赤ン坊をあずかってくれないかって

なにィ〜〜っ

会社へ行くのに

とりあえず今日一日だけですって

突然で
悪いスけど
……
給料
もらったら
お礼は
します

……
あの時の

あ
……

あ……上がりませんか?

あ……あなた……

ど…どうしちゃったの……他人を家へ上げるなんて大嫌いな人なのに

……はあ……

朝メシでも一緒にどうですか?

おい……この人の分も作ってあげなさい

は……はい

一樹ちゃんは……？

朝ごはんは……？

62

一樹ちゃん！

うるせえんだよっ！

そんなクソじじいと一緒にメシなんか食えるかっ

けったくそ悪い！

家ン中じゃァォ世界中で一番立派なのはてめえだみてえな顔しやがって…

外じゃボコボコに殴られて手ついて金出して謝ってやがる

何が勉強しろだ何が俺の様な立派なサラリーマンになれだ

てめえなんかカスじゃねえか

63

あんたがこの家へ来たのはまったく偶然だろう…

そして私のことも覚えてはいまい…

私は……

おととい渋谷で

君に助けてもらった男です

……

いい子だったんだが昨日から突然私に反抗的になってしまってね

間の悪いことに塾に行っていた息子があの場にいたらしくて

あの時のことをすべて見られてしまった様です

無理もない父親のあんな姿を見てしまったら……

きゃあ――っ

一樹！！

なっ…何をするんだ!?

私の息子に何をするんだ

おう兄ちゃん
殴られる痛さや怖さ
情けなさはな……

やられたもんじゃなきゃあわからねえんだよ

66

コブシが
顔面にめり込む
怖さは甘かぁ
ねえんだ

やられたことも
ねえくせに
やられた人間を
バカにするんじゃ
ねえ

パパ

パパ

パパ…パパってな
首っ玉に
しがみついてくる
てめえの子を

可愛いくねえと
思って
育ててきた
親なんざ
ひとりもいねえんだ

すっ…

親ってのは
みんな…な

首っ玉に
しがみついて
泣いていた赤ン坊の
時のことは
忘れねえんだよ

親に
クソ生意気な
口を叩いてな
親をバカにして
逆らう様になっても

金玉に
毛が
はえてきて

奥さん
朝早く
みず知らずの
家に飛び
込んできて
つまんねえ
頼み事
しちまったよ

ずうずうし
すぎると
思ったんだけど……
なかったことに
してくれや

待って
下さい

いや……
現場かね

ほおーっ
うちもだよ

私は
経理畑だが
君は設計かな

エンピツ
削り

設計も今は
コンピュータ
だからなぁ

しかし
いい会社らしいな
君の様なタイプが
堂々と本社勤務に
なってるなんてなぁ

なるほど
設計の
見習いという
ところか……

そうかな
……

……

あれ

なっ……?

ちょ……
ちょっと

まっ……
まさか
ヤマト建設って
私の会社だが…

ここだよ
俺の会社
も……

は
……

おはようございます

黒川専務！！

専務！おはようございます

おはようございます

第４話

金太郎、専務に会う。

……
水木君

何だね
その顔は？

まさか
いい歳して
喧嘩じゃ
あるまいね……

はっ……
はい

いえっ
そんな

ちょっと
転んで
……

おい

おい
出ろ……

ただのバカなら何ですか？

今私が感じてる不愉快さが

君がただのバカならそのまま残るということだ

何がバカで何がりこうか知らんけど

俺は俺自身を変える気はないネ…

エレベーターを空けてあんたを気持ち良くさせるのがサラリーマンだってんなら

サラリーマンなんて人種はクソの集まりだな……

きさま黙って聞いていればぁ

何だその態度はっ!!

ふっふ

たしかに
正論だ……

私も正論を
吐こう……

人間と
いうのはな……
ひとりじゃ
生きられない

山の中で
ひとりで
生きて
いくならな…

社会を営んで
はじめて生きていける

人間の社会には
上下の関係が
ある……

その中で
バランスを取って
やっていく事が
人間が身につけた
知恵だ……

それは
言葉づかいで
あり……

相手に対する
態度だ

他人と関係せず
生きていくなら
お前の勝手だ
お前自身を
変える必要も
ないだろう
私の知った
ことではない

しかし
この会社に
入ってきた以上
勝手な態度は
許さん

人間社会の
最低の規則（きまり）が
守れんのなら

明日から
出社する
必要は ない

それから もうひとつ
エレベーターを
空けることを
私は部下に
強要していない

皆が
勝手に
やっていることだ
そして そのことを
やめろとも
皆に 言わん

反対に 誰が 乗って
来ようとも

私は 何とも
思いはせん

そのハチマキと
髪の毛は
切れ……

次に見た時
そのままだったら
きさまは
クビだ……

サラリーマンを
なめるんじゃ
ないっ

シュ——ッ

今の人
誰……？

営業担当の
黒川専務だ……
創業からの
叩き上げだよ

しかしマジだったな
黒川専務が
一般社員に
あ…あんなに
マジな話を
するなんて

あ…ああ
見たことねぇや

おっ

おい

ふ〜〜ん

庶務課

87

おいっ
矢島！

……
ああん

これのコピーを
とってくれ
十部ずつだぞ

コピー
だ

中沢さん
コピーなら
私がやります

俺は
矢島に
言ってるんだ

十部ずつ
ね……

ウッス

90

何
それ──

あ…あの人
高校時代
私のあこがれの
人だったの

何よ
どうしたっ
てのよ？

信じられない
こんな所で
会えるなんて
……………

92

こっ……
この真ン中に
いるのが

あっ……
あの金太郎
なの……

そう
……

あ……
あんた
族だったの

だからぁ
女の子は みんな
あこがれてたん

すごかったのよ
もう……

うぅん……
この人だけは
特別よォ……

超硬派でシンナーや
女には目もくれず
その当時の暴走族の
シンボルみたい
だったの

暴走族の
写真集なんかで
大スター
だったわ……

コンチワーっ

独身の
前田一郎
デース

あっ……
設計部の
前田さんよ

技術屋さんて
何となく
堂々としてるわよね
同じサラリーマン
でもさぁ

昨日から
エンピツ削って
くれてる子は
どの娘かな？

どうか
しましたか？

繊細で上品で……
実に使いやすい
心のこもった
削り方ですよ

こんな削り方
してくれる娘を
嫁さんにでも
できたらと思って
顔を見に来ました

突然
エンピツの削り方が
変わったでしょう

どーーも
神崎係長
……

94

第5話 金太郎、髪を切る。

……そうか

本当に
すまん……

すまん……

健康上の
理由です

あくまで
私の健康上の
理由ですから
……

呼びもどす
よ……

必ず 君を
呼びもどす

バーカ
気にするな

家が
隣り同士……
会社も同じよしみ
じゃないか

何が
……？

すみません
水木課長

竜太のこと
一日のつもり
だったのに　毎日
みてもらうことに
なっちゃって

一樹は
頭いいから
大丈夫だよ

君の一発が
効いたらしく
すっかり
元の素直な子に
もどってくれたよ

俺の方こそ
礼を言うよ
息子の
一樹の奴……

おい
黒川専務
いよいよ
退陣らしいな

健康上の
理由にしているが
やっぱり社長派の
陣営拡大だぜ
完全に追い込ま
れたらしい

こんな所で
つまらんことを
しゃべるな

あっ
すいま
せん……

おい!!

退陣って
やめること
だよね

‥‥‥‥

黒川って
あの
エレベーターの
人だろ

そうだ

‥‥‥‥

あの人

男だったぜ

‥‥‥‥

ああいう人が
やめなきゃ
ならねえのも

やっぱり
サラリーマン
だからかネ

そういう
ことだな‥‥‥

あら？

お昼休みも仕事……？

何を作ってるの？

違うみたいね

エンピツ削りじゃないもの

……

ウキだ

ウキって釣りをする時使う……ウキ……？

ああ

誰かマニキュア貸してくんねスか

あっ……私貸したげる

赤でいいのかな

透明のもあったらな

わあーっ
すごいきれい

店で
売ってるのと
変わりないじゃん

金ちゃん
私も
欲しい……

か……
一枝ちゃん

おっ…おい
金ちゃん
だってよォ

庶務の女の子連中
いつの間にか
あの変な奴に
取り込まれてるぞ

それから
ハサミ 貸して
くんねえかな

ハサミね
……
私 持ってる

はい

104

きゃっ

かっこ
いい……

ケッ!
ざまあみろっ

突っぱってたって
ただのネズミだ
専務が怖くて
髪を切りやがった

中途半端な
暴走族野郎が!

だったら
始めっから
頭を丸めやがれ

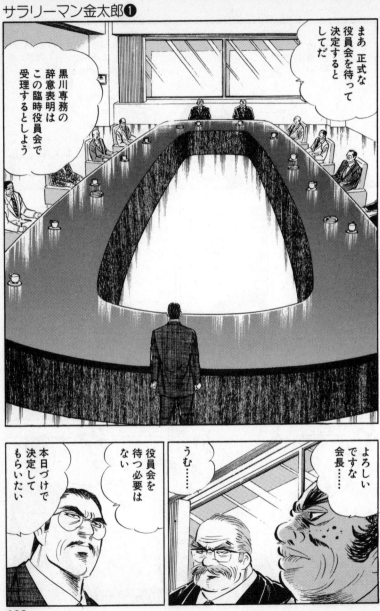

黒川君
あんたは
それでいい
だろうが

会社としても
体裁が　ある

役員の
中途辞任は
外部に対して
格好が悪い
じゃないか

任期までは
やってもらう
それまで
出社するしないは
君の勝手だがね

健康上の
理由では
いたしかた
ないかな

社長　それは
せめてもの
武士の情と
いう所ですか

そういう
ことだ

こうなっては
出社も
しずらかろう

わあっはは

あっはは

はっはは

わあっはは

切ったのか……

俺の場合……サラリーマンごっこぐらいにしか見られなくて当然です

でも あなたは 俺を 真剣に あつかって くれました

……そうかね

私は 君が 誰よりも 真剣な サラリーマンに 見えたよ

俺は やりますよ

マジに……

わかって いる

つまんない もんスけど ……

死んだじいさんがいつも作っていたんです
見よう見まねで覚えたんですけど

それは真心を込めて作りました

餞別です

失礼します

よう
じいさん

はは……
金ちゃん

子供の頃
好きだった釣りを
思い出した
長生きして
のんびり釣りでも
したくなったよ

ありがとう

矢島君

第6話

金太郎、麻雀する。

営業は
大変だな

黒川専務の後は
掛井（かけい）さんが
担当専務に
決定らしい

うむ

おそらく
会長と創業から
やってきた
叩き上げ組は

黒川専務が
退任すると
大変な
粛清（しゅくせい）の嵐に
なるな……

まあ　俺達は
その後の
入社だから
関係ないと言えば
関係ないが

嫌な
ムードだ

ああ……

しかしな
二年もたてば
それが
ヤマト建設の
現実として

何の疑いもなく
落ちついて
しまうんだよ

ありがとう
ございました

あれ？

俺の
嫁さんだ

ああん？

初めての
給料で
彼女に
プレゼントかい

ポン

君の
エンピツの
削り方に
惚れた
設計の
前田だよ

どうも

この前言ってた新人ってこの人か？前田……

ああ矢島金太郎君だ

俺の同期で営業の田中だよ

毎日毎日エンピツ削りを

よくくさらず頑張ったな

矢島ス……よろしく

はっは……あれが俺の仕事だもんね

びっくりしたよ毎日エンピツの削り方が変化しているんだ……

一か月間成長しつづけるエンピツ削りなんて考えられん

よかったらつきあわないか給料日だし……

サラリーマンの修行は夜ってこともある

そうスね

ほおーっ
強いな……

いやあ
酒 飲むの
久しぶりだから
うめえや

麻雀は
できるのかい

麻雀…？

おい……
田中

やるか

少し
なら……

金太郎君
こいつは
麻雀に誘うんだ

人間 見る時
麻雀は その人物を
的確に表わすってのが
こいつの持論だからな

君を 見る気だぜ

田中……
何だ
お前？

また
人物判断
か……

……いいスけど

ああ言って
すぐ方針を
変える

ドシロウト
がよ……

いるん
だよ
なぁ……

俺 役満専門
ですよ

それしか 手
知らねえから

親で配パイからリャンシャンテンか……

いい流れだ先制パンチが効けば大勝ちできるパターンだな

なにィ…

宣言通り役満狙いかよ

さっきのは冗談じゃないんだな金太郎君

ええ

なめやがってよぉーしとことん巻きあげてやる

金太郎はノーマークか……遠慮なくやらしてもらうか

126

矢島君は
見事な
ハコテン
だろ

ラスじゃ
もう一戦
だな

いいの
いいの
いいの

今日は
花の給料日
ガンガン行ってみよう

断トツの
プラ120!!
どうだ
ヘボめら

さっきのが
帳消しじゃ
ないか

オーイ
出前だ
出前っ

いやぁ——
また
ビリだな
こりゃあ

まあ
しゃあねぇ
けど

君は
いつまでも
石鯛を
狙ってろ

俺は
雑魚を釣り
上げるから

ザコ

ザッ……

そうだ……
俺が小学四年の時

出稼ぎに
行った親父を
待っていた
あの頃のこと

雨の日も

風の日も
待ち続けた

そして
リンゴの花が
咲いたはずなのに
雪が降ってきた
あの日

しかし……

東京の
大学に入り
一流企業の
サラリーマンに
なった時から

俺は
思い出そうとも
しない

いや 忘れようと
さえしている…

お父ォ
オォ
!!

……
なぜ

134

でも こいつを 上がって チャラですよ

ほんとか よ ......

ほんとだよ いや すげえ

生まれて 初めて 見たよ こんな 役満

サラリーマン じゃないぞ ......こいつの器は

一万人の頭を はってた男 矢島金太郎

断じて ただものじゃ ない......

しっ...... しかし

金太郎の様な 姿を...... 正直に 自分の姿を さらけ出すことを

俺は いつから 忘れて しまったんだ

第７話

金太郎、喧嘩する。

俺は
オヤジが
好きだ

本当に
いいオヤジ
だったんだ

田中
どう
したんだ？

何か
変だぞ
お前……

あっはは

きゃあ

あはは

きゃははは

やだぁ
きゃあ

138

あっはは

きゃっはは

あっはは

変だとしたら金太郎のせいだ

やだ　もぉー　おかしい…

ねえねえ　前田さん　この人　本当に　お宅の会社の人？

そうだよ　何で？

だって　話題が全然　違うもの　サラリーマンの　話題じゃないもん

139

はる奈ちゃん…

あちらのお客さんご指名よ

やあよォ

あそこは墓場じゃないの

今日はこの場所絶対ゆずらないから

金ちゃんがいい!!

何よ仕事でしょ早く行って早く——

もう

がんばってね

この場所は私に任せて!

なれなれしいぞバイト

いっちょう歌うか

すてきィ——っ

JASRAC 出9451976-401

シャトトト
オオキシシ
シオ

枯葉剤
だな

客を皆
なぎ倒して
しまった

いいわ
よぉー
金ちゃん！

パ110
110チ
パチ
パ110
チ
110チ

……
おい 前田
お前は 人間を
学歴や経歴

家柄で
見る人間じゃ
ないよな

142

144

148

シュッ

ボケがぁ

ガシャーン

——きゃあっ
——いやあっ

城東大空手部！

田中政和

田中……？

お……い

ゲッ ゲッ

今よみがえったーっ!!

知らん

俺は
知らんぞォ

ま…前田
お…お……
お前まで

……ああ

関東大学
柔道部 副将

前田一郎
———っ!!

大変だ
……

大変なことに
なっちまう

マスターッ

今ある
あり金だ……
店を
壊して
しまった

足りない分は
後で
持ってくる

はっ……
はい……

久しぶりに
いい喧嘩
見せてもらい
ました

気にしないで
下さい

こういう時の
ための経費も
料金に入って
ますんで

……田中さん

しかし……
この後が
大変ですよ

152

何が　後が
大変だ！

後のことを考えて
いつもビクビク
我慢の人生なんて
ふざけるな！

そんなもん
くそっくらえだ

なあ　前田

そうだっ
俺達は　学生の頃
もっと輝いていた

サラリーマンになって
それを失う必要が
どこにある！？

さあ　飲め
石川！

お前達は　バカだっ
一瞬の輝きのために
一生を失って
しまうんだぞ

154

何だ

ヤクザ
だぞ
あれ……

なっ…

設計部

前田君は
いるかっ

主任は
まだ
ですが

緊急事態
だーっ

来たら すぐ
総務に
顔を出す様
伝えてくれ

石川係長
ーっ!!

め……
めずらしく
遅刻の
様です

田中係長
ーっ

営業第2課

今日は
まだ
見かけ
ませんが

ヤクザ
ですよ

朝から
騒がしい
な……

どう
したんだ?

工事現場での
もめごとか?
だったら
総合管理部が
出るだろう

喧嘩
だってよ

喧嘩ァ
──?
うちの社員が
ヤクザとか

やっべえぞ
そりゃあ

158

前田ァ——っ

ダダダッ

田中ァ——っ

俺は先に帰ってよかったぜ

とんでもないことになってるぞ

バカヤロウ　お前ら一体何をやったんだ!?

いやぁすまんすまんゆうべ飲みすぎちまったよ

まっ……まさか

何だ？

ヤクザが乗り込んできて大騒ぎよ

大のオトナが一体何をやってるの？信じられないわまったく……

組長じきじき……

30人ぐらいは来ているわ

総合管理部は一切関知しないと言ってるわよ

総合管理部は工事や住民対策ほか対外的なもめごと一切をとりまとめる部署だけど

今回は会社の利益にまったく結びつかない事件だと判断しています

あぁぁ～～～～っ

すでに役員の耳にも入っているわ社長は……激怒しているそうよ

さっさと
出せやっ
こらーっ

下っ端じゃ
話に
なるかよ！

第三応接室

社長だァ
社長を
出さんかい‼

162

このヤローだっ

ふざけやがっ
てぇ——っ
ぶっ殺しても
あきたらねえっ

ふざけ
てんのは 一体
どっちだい？

ケッ…
みっとも
ねえ奴ら
だ……

恥ってもんを
知らねえのか

君がァ！
君が
矢島金太郎
か!!

164

ふっ…ふ

兄ちゃん
おもしれえな
ドシロウトが
そこまで言うかイ

子供の話じゃ
ねえ

俺達は
商売なんだよ
…………

シロウトも
クロウトも
関係ねえな

昨日の喧嘩が
あそこで
おさまってなくてよ
まだ続いてるっ
てんなら
やろうじゃねえか

どこまででも
相手して
やるぜ

このガキィ——っ

シロウト
一匹でもよォ
死ぬ気に
なりゃあ
出来んぜ！

やるんなら
今 この場で
殺っとけよ

二日も
生かして
おいてみろ

てめえらとの
戦争ぐれぇ!!

てめえらの
半分は

かならず
ぶっ殺す

し……
静かに
なった

しっ…
しかし

どっ……
どうしたんだ
……？

俺のために
命を 捨てて
かかる人間が

うちには
何人 いる
かな……

168

この人のために
命を捨てて来る
連中が
まだ 百は
いるだろう

この人の
言ってることは
決して
ハッタリ
じゃねえよ

組長……

若……

大人に
なったって

変わるもん
じゃない

硬派の
暴走族は
ダチが宝
ダチのためなら
命を張る

170

オヤジの跡をついでヤクザになったんか

父親の葬儀とぶっかっちまって迎えに出られずすいませんでした

金ちゃんが帰って来てること知ってたんですが

お前やっぱり

はい

わっ…若こ…この人が若が暴走族で特攻隊長やってた時の……

ああ

種村さん……関東八州連合の頭矢島の金ちゃんだよ

それがまさかこんな所で会えるなんて夢にも思ってませんでした

金ちゃんに会いたくて会いたくて

で……
出て来た

ど……
どうなったん
だ……

いいヤクザに
なるわ
ありゃあ

もったい
ねえ

一万人の頭
はってたんだろ……
ちょっとやそっとの
タマじゃねえぜ

見せ物じゃ
ねえぞ こらァ!!

椎名よ
若い衆の前で
安め 売らし
ちまったな

とんでも
ないス

金ちゃんに
頭 さげるのに
ミエもかっこうも
つける気は
サラサラないスよ

あやまる
よ……

失礼
します……

けがらわ
しい……

見るのも
ムカつくわ!!

住む世界が
違うのよ!
あなたは
ここにいるべき
人間じゃない!!

今
すぐだ

四人とも
社長室へ
行きなさい

社長が
お呼びだ
……

石川　たしかに
お前の
言う通りだ
……

一時の
気持ちよさを
追った時
一生を棒にふる
というのが
この世の中の現実だな

遅いよ
今さら
遅い……

嫌だ
こんなことで
社長の前に
出るなんて
俺は　嫌だ……

社長室

でっ……

辞表は
持ってきた
のか？

……お前達

176

ふざけるなっ
お前ら！

何とか
言ったら
どうだ！！

会社に
これだけ
迷惑をかけて
ただですむと
思ってるのか

今後 二度と
このような
ことは
いたしません

すみません
——っ

私は……

会社が
好きです

そして
会社に役立つ
人間と自負して
おります

辞表を
書く気は
ありません

私も
田中と同じ
気持ちです

クビにされるなら
それは それで
仕方が
ありませんが……

なにィ
くくくっ

お……
おいっ

たっ…田中
前田…！

1億は
かかった
だろうな…

あの連中が
なぜ突然
何も言わず
引き返したのか
知らんが

会社としては
連中を納得
させるために
1億は使ったろう

組合も
この様な
ケースでは
君達の弁護は
できないよ

矢島金太郎と
いうのは
お前か……

まあ
それなりの
覚悟は
しておいて
くれたまえ

工業高校
中退の
身で……

なぜ 我社に
中途採用に
なったのか
わしには
分からん

君の処分は
まるで
検討の余地は
ないな

たった今
この場で
クビにする

……あん？

会社の
社長ってのは
親だろう

子供が
不始末
おかしたら
てめえの体張ってでも
守るのが 親の役目だぜ

おい！

うざってえ
敵が正面から上がって来てんのにてめえらシカトかよ

下っ端の部下にあずけて雲隠れかァ

子供達が泣いてる時に逃げてやがったクソがよォ

何もかもすんだ後で子供いじめか!?偉そうな口を叩いてんじゃねえ!!

うすバカヤロォーッ

何だァ——っ

きさまは一体何だぁ——っ

182

俺に触るん
じゃねえぞ
ボケェ

条件反射で
てめえの顔面に
チョウパン
叩き込むぞ

ききさまら
全員
クビだあ!!

ワシの前から
消えろ!!

出て行け
——っ

その四人の
身柄……

私が
あずかろう

ヤマト建設は
もともと
土建業だ

喧嘩の
ひとつやふたつ
できんで
社員とは言えん

大和さん！

そんな勝手は
許しませんぞ!!

さあ　君達
私と
来たまえ

私は　会長だ

くさっても
ヤマト建設の
オーナーだ

気に
いらなけりゃ
私を叩き
出してみろ

あのジジイは
ほっておけば
この会社を
潰しただけ
だ

この会社の
再建はすべて
このワシの力
あってだろう

いつまで
遠慮
するんだ

ワシはいつまで
あのジジイに
遠慮しなければ
ならんのだ

あ……
あの…

はっ

ああ
〜〜ん
掛井？

あんなサルの
クビを飛ばせん
社長など
何が社長だぁ!!

少なくとも
大和会長の
持ち株以上を
社長自身が…

あと
しばらく

あの男は

何が何でも
絶対に許せん
あの小僧……

生まれて
初めてだ…
こんな屈辱は

これから
一か月は
思い出すたびに
眠れまい

人間じゃない
野犬だ……
あの非常識さ
は……

大和守之助
会長が
じきじきに
採用した
人間です

あの男の
存在は
会長にとって
命を飛ばす
爆弾になるかも
しれませんよ

いやすでにあきらめたのかもしれませんな

しかもその爆弾を会長はみずからフトコロへしまったのです

これまでは何があっても口を出さずじっとしていた会長があんなつまらん四人のために動いた……

ならばいい

しかしそれ以外では俺は我慢できんぞ

ヤマト建設にとどまることをあきらめたという心情かもしれません

金太郎

オッス

明日の土曜日わしゃあ釣りだ

つき合わんか……？

188

普通じゃ
ないって

最近
会社中が
金ちゃんの噂で
もちきりなの
知ってる？

ねえ
金ちゃん

おっ……
サンキュー

金ちゃんの
お父さんて
うちの会長
……

何
がよ

金ちゃん
会長の隠し子
じゃないかって

会長が　会社の
後継者として
呼びよせた
隠し玉だって

だって
たった一か月よ
それなのに
この会社での
金ちゃんの
行動ってさぁ

普通じゃないもん
絶対　何か
あるって
みんな言ってんのよ

ばか
言ってんじゃ
ねえよ……

あぁ～～ん

第 8 話

金太郎、鯛と会社を語る。

ピピピ…
チチチ…

金ちゃん……
麦茶は
こっちの水筒
だから……

どーも
すいません
……

七年ほど
前だ

ヤマト建設は
今いち伸び
悩んでいた

あなた……
金ちゃん、今日は
会長さんと
釣りよ

194

だから
話しておくんだ

ヤマト建設を
大躍進させると
言って

今の
大島社長が

我社は
それを受ける
ことにした

建設省
大臣官房
審議官から
天下りを
要請してきた

やがて
大蔵省から
掛井専務が
やって来て

さらに
建設省
住宅建設課長の
藤井さんと
中部地方建設局から
武田さんが
常務に……

大島社長は
自分の息の
かかった役人を
次々と
引っぱってきたんだ

彼らは
建設省から
公共事業を
バンバン受け

また
大蔵省出身の
掛井さんが
銀行から
強力な融資を
取りつけ

ヤマト建設は
またたく間に
低迷を脱した

住宅が主だった
ヤマト建設も
今では準ゼネコン化し
土木にまで　事業を
拡大していった
わずか七年で
大躍進を遂げたんだ

役員は
大島派で
うめられて
いき……

大島
ワンマン体制が
定着していった

たしかに
役人出身の連中は
我々が血へドはいて
頑張っても
出来ないことを
いとも簡単に
やってしまう

黒川専務は
その中で社長達の
ワンマンと
懸命に　戦って
きたが

とうとう
会長の身分の
保証と引きかえに
みずから　身を
引いてしまったんだ

ワシも多分
今のままでは
すむまい

会長とともに
歩んできた
人間だからな

196

黒川専務という歯止めが崩れた今社長は会社をいっきに手の内へおさめようと思っているからね

創業からの叩きあげ社員は徹底的に粛清されるだろう

ヤマト建設は完全に官僚の天下り派に乗っ取られてしまったんだ

会社を立て直し業績を上げた社長派に誰も何も言えん

会長もだよ

昔は良かった今のように上の顔色にビクビクして仕事するような会社じゃなかった

小さかったかもしれんがみんな仲のいい明るい会社だったよ

会長を中心に

ゆっくり
朝飯が
食えたよ

待ったか
ね……

いよーっ
金太郎

私どもで
あずかって
おりますから

はっ

竜太君は？

そういえば
君とも
何回か　釣りに
行ったっけな

何だ
君の家の
そばだったのか
金太郎の
アパートは

おお
水木君か

はい……
まったく
偶然でした
が……

楽しい
思い出で
ございます

はい

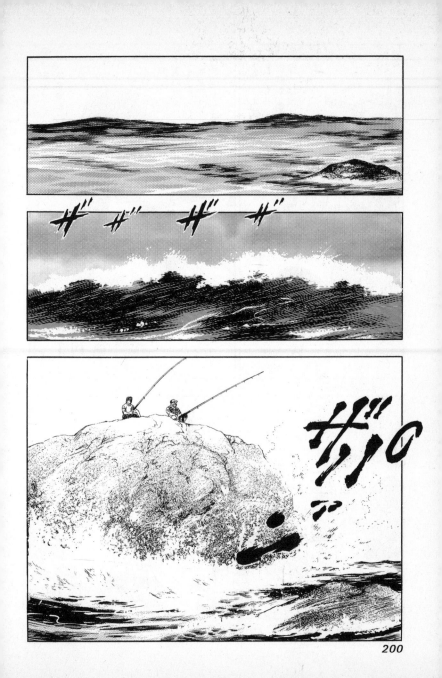

ワシの
養子に
ならんか？

ああ？

……金太郎

もちろん
そうなれば
竜太は
ワシの孫だ

そろそろ
ヤマト建設から
身を引こうかと
思ってる……

社員が
十二～三人だが
ヤマト建設とは
いっさい関係ない
ワシだけの
会社がある

それを
ワシと一緒に
のんびり
やらんかね

ワシには嫁にいった娘がひとりいるんだが

娘ともども会社の経営なんぞとんと興味がない

これの亭主が貧乏学者でな……

亡くなった奥さんの代わりをワシが探してやろう

五人でのんびり暮らさんか……

女は死んだ明美ひとりと決めてんだ……

202

会社の
連中……

……
ああ

だめか

じいさんの顔
見てる時は
みんな　おだやかな
顔している

しかしよォ
社長の顔
見ている時は
ビクビク
してんぜ

じいさんが
会社を
あきらめち
まったら

あの会社は
きまりばかりに
しばられて　社員は
ビクビクしながら
上の顔色見て暮らす
会社になっちまうぜ

あんたが
がんばってれば

みんな
ちったあ
おだやかに
やってられるよ

たった一か月だぞ
しかも本社に
いるとはいえ
仕事はエンピツ
削りだぞ

おっ…
お前

なあ〜〜んも
分かんねえ
しかし
そう感じる
だけだよ

何が
見えると
言うんだ

……
しゃらくさい
大人に
説教など
するな

204

だっ だめだ
魚じゃないぞ
こんなの！

代われ
金太郎!!

代わったら
あんたの石鯛
じゃねえぞ

その調子だ!!

ゆるめる
なよっ

オッス

おっどりゃあ
っ

巻けえ
っ

おおーっ

おぉーっ
石鯛じゃ
本物じゃぁ

気ィ抜くなぁーっ
糸を張ってろォ！

やったぁーっ
やったぞ
金太郎！

結果としては見事に切り抜けたんだぜ

普通なら完全に一巻の終わりって場面だよ

前田……

ヤマト建設に社長派がこのまま君臨するとしたら

やるしかねえな

この前の事件で俺達の将来は終わっちまってる

だめでもともとだろう

天下りの連中と一戦交えるんだ会長かついで奴らを叩き出すんだ

❶金太郎、入社する（完）

「週刊ヤングジャンプ」H6年30号—40号まで
好評連載されたものを収録しました。

◉ヤングジャンプ・コミックス◉

サラリーマン金太郎
❶
金太郎、入社する

発行日
1994年12月13日［第 1 刷発行］
1999年 2 月20日［第25刷発行］

著者
本宮ひろ志
©Hiroshi Motomiya 1994

編集
株式会社ホーム社
〒101-8050 東京都千代田区一ツ橋2丁目5番10号
電話＝東京03(5211)2651

発行人
山下秀樹

発行所
株式会社集英社
〒101-8050 東京都千代田区一ツ橋2丁目5番10号
電話＝東京03(3230)6222(編集)/03(3230)6191(販売)/03(3230)6076(制作)
Printed in Japan

印刷所
図書印刷株式会社

ISBN4-08-875274-0 C9979